El evangelio del dragón

MUSEO SALVAJE
Colección de poesía
Homenaje a Olga Orozco

Homage to Olga Orozco
Poetry Collection
WILD MUSEUM

Luis Rodríguez Romero

El evangelio del dragón

Nueva York Poetry Press

Nueva York Poetry Press LLC
128 Madison Avenue, Office 2RN
New York, NY 10016, USA
Telephone number: +1(929)354-7778
nuevayork.poetrypress@gmail.com
www.nuevayorkpoetrypress.com

El evangelio del dragón
© 2025 Luis Rodríguez Romero

ISBN-13: 978-1-966772-56-9

© *Poetry Collection* 70
Wild Museum 70
(Homage to Olga Orozco)

© Publisher & Editor-in-Chief:
Marisa Russo

© Blurb:
Carolina Bustos Beltrán

© Philological Review:
Daniel Araya Tortós

© Cover Designer:
William Velásquez Vásquez

© Layout Designer:
Agustina Andrade

© Author's photograph
Author's personal archive

© Cover Artist:
Osvaldo Sequeira
Des-Conexiones
15 acrilic on canvas 90 x 61 cm

Rodríguez Romero, Luis
El evangelio del dragón / Luis Rodríguez Romero. 1ª ed. New York: Nueva York Poetry Press, 2025, 116 pp. 5.25" x 8".

1. Costa Rican Poetry 2. Central American Poetry

All rights reserved. No part of this publication may be reproduced, distributed, or transmitted in any form or by any means, including photocopying, recording, or other electronic or mechanical methods, without the prior written permission of the publisher, except in the case of brief quotations embodied in critical reviews and certain other non-commercial uses permitted by copyright law. For permissions contact the publisher at: nuevayork.poetrypress@gmail.com.

A LAS BUENAS PATERNIDADES

A LOS HOMBRES QUE HAN CRECIDO
CURANDO LA HERIDA QUE LES DEJARON
SUS PADRES

What if God was one of us?
Just a slob like one of us
Just a stranger on the bus
Tryin' to make his way home?
JOAN OSBORNE – One of us

EL LIBRO DEL NUEVO GÉNESIS

1 ¹ En el principio, fue La Esperanza, la ungimos de acordes amarillos, pausas nocturnas y redobles que definían la vida, tal como si estuviéramos por emprender un peregrinar hacia una era prometida, que comprendimos, jamás sería nuestra. ² La erigimos para bailar por nosotros en La Palestra, bailar con sus rizos sabor a la sal que viaja con el aire; la preparamos con nuestro orgullo de entrañas y manos, para que derrumbara paredes de ojos sin iris y marcas de sudor sobre camisas bien almidonadas. ³ Durante meses, anduvimos las rutas que los tibios rechazaron, resistiendo al esperma de máscaras solares, anduvimos, por calzadas de piedras sueltas, nervios oculares y la fibra del hambre, como el personaje de una novela que le oculta su propósito al autor. ⁴ La Esperanza pondría lumbreras sobre el cielo de La Palestra para que, colgadas de los escombros de intenciones huérfanas, aliviaran una ruta que aún no conocíamos y que otros seguirían; porque creíamos que quienes habitaban los cielos, el mar o la tierra podrían ser un abrazo de voces que saltaban entre una calle sobre la que llovió a media tarde. ⁵ Nos regocijamos pensando que, con sólo ordenarlo, la luz sería suficiente para crear una música buena, para que en nuestro corazón hubiera una melodía de victoria, y esta invadiera La Lluvia, los abrazos, los besos y las despedidas aún no dadas. [6] Y se hizo la noche en el día esperado, y fue entonces que la canción nos supo a malos recuerdos, que nuestra copa estuvo llena de veneno y bebimos sin respiro hasta la última gota. Una noche para llorar y brindar en nuestra memoria.

2

[1] Somos la serpiente, la culpa, una mentira con voz propia para invocar al valor, el valor que significa temer a quienes fuimos; las marcas en una cama cuando ha sido abandonada, una página que narra movimientos, pausas y aromas. [2] Nos abordó la certeza de que algo nos faltaba y, aunque íbamos desnudos, la vergüenza no fue capaz de bloquear la puerta durante nuestra partida. [3] La Esperanza no nace de cuentos acerca de costillas ni de prejuicios, si no del barro de donde todos partimos débiles y moribundos, temerosos del sol y las voces en los círculos. [4] Morimos libres porque en la frente no nos pesó la sangre de quienes nos acompañaron en el silencio del agua; porque la nuestra era roja, tibia y repleta de algas y versos. [5] En aquel entonces, resonaba desde un corazón que era un punto lejano, el ritmo de nuestros pasos, pero ahora la mano nos tiembla de malos recuerdos. [6] Solo nos quedan los pies y el llanto para caminar en el desierto como habitantes de ciudades malditas, porque así estaba escrito en los telediarios: una carga de culpas imaginarias durante la

hora estelar, donde los ojos vomitan algoritmos y burbujas, una ruta pavimentada en el olvido.

3 [1] Somos muchos, parpadeos de una patria en espera, que busca tender una trampa a las intenciones del Verbo. Una respuesta que calme esa hambre por las escamas de los que migran y caen muertos, amarrados a una silla muy cómoda mientras cumplen rituales de buen comportamiento. [2] Porque dormimos esperando los mensajes en las lenguas del fuego, instrucciones fáciles que nos invitaran a una mejor tierra; pero, en su lugar, obtuvimos el mandamiento de la sal, el regalo de un mármol ungido con la tristeza de una Lilith desgarrada. [3] De ella aprendimos sobre los ríos que nacieron del huerto añorado: eran sus lágrimas, la carta náutica de una voz que se despertaba desde la oscuridad del agua para hablarnos de las derrotas de una ciudad que dejaron a un lado del camino, una ciudad en donde todos le daban la espalda. [4] Como las olas, nos multiplicamos, obstinados en honor a la fecundidad de la palabra y su música, el drama y la ciencia, pilares de una nueva Palestra sobre la cual secar el barro. [5] El lugar que nunca debió ser para los héroes, es donde ahora duermen, titiritando en una agitada pausa sobre pelmazas de ceniza y lágrimas. [6] Unidos con cal al lado azaroso de la historia, sus nombres solo regresan con la conveniente rima de coros militares, como si el suyo fuera un ingrediente necesario para preparar el inventario artificial de gestas para un nuevo paladín hecho a la medida. ⁷ Se fundaron sastrerías de llanto y fue así como se partieron también las escaramuzas bicolores y sus campeones de papel que, sin sed, sin sudor, solo servían para desayunar el polvo de los altares. ⁸ Los dioses se arrepintieron de nuestra heredad al mirarnos incompletos, con la ira del agua nos borraron antes de hallar nuestra respuesta.

4

¹ Este es el libro de los hijos de La Esperanza, de quienes enarbolan estandartes con la palidez de la muerte, engendrados de aquellos que fueron desterrados una mañana de diciembre hacia un país de hierro y agua, desde donde todavía se escucha su coraje.

² Ocurrió entonces que los pactos se rompieron y nuestra sangre fecundó a las piedras y a los montes que se cubrieron de olvido. ³ Y fue así, que establecimos una nueva alianza: que nuestro pan sea vuestro, junto a los ríos, las noches y la tristeza del mar, como las mañanas, que son la música de un viejo acetato que, de rayado se salta en ocasiones alguna pista. ⁴ Somos siervos de todo aquello humilde que aún se mueve, que vive y tiene un estómago que llenar; del perro que llora en las calles mojadas, del rostro quebrantado entre el sol y la grama; un nuevo pacto sin fronteras, porque nada es nuestro y esta sangre es de todos, maldita para quien la derramase. ⁶ Estas son nuestras manos, las que escriben nombres cautivos en páginas sin promesas, ennegrecidas de tantas lecturas,

tierra y sangre, tinta y borronazos sobre la marcha. Versos de manos nacidas del pasado, que es lo único que enumeramos como a las lágrimas, y los panes antes de multiplicarlos, sin saber cómo parir un milagro.

5 [1] La Palestra tiene muchos jardines, bien acondicionados y con su pasto siempre fresco. Es una tumba y allí se pasean o salen a fumar en sus ratos libres varias estatuas a las que les cuesta caminar entre las multitudes, tanto así que las aves no se acercan a este vergel.

[2] También existe una capilla con más fieles de los necesarios y hasta un salón donde, por una otrora dignidad, no se deberían celebrar fiestas a la noche. [3] No obstante, les hace falta poesía y la escasa música que se cuela por sus pasillos tiene enfermedades terminales, tumores descompasados y una tristeza propia de los tratos tras bambalinas. [4] También hablan en muchas lenguas y sus habitantes no alcanzan a entenderse entre sí; esta confusión se hunde en un mar morboso de metáforas que se debieron trabajar más, para que su deshonestidad no fuera tan obvia. [5] Está hecha de ladrillos muy rojos, cocidos del mismo barro primigenio sobre el que un día crecieron las semillas del mundo, al son de una flauta nostálgica de la que ya nadie se acuerda. [6] La Palestra, como un patíbulo, es una ciudad que muere de a poco, después de un aguacero de palabras que no hacen diálogo, que no hacen el amor. [7] Aún así, saltamos, somos muchos, pueblos e incontables caras entre las

sombras de cemento, y un metrónomo que son las olas y su sal, mientras llegamos a retar al dios del sol, a pintar las paredes de La Palestra con voces, dolores de una furia que florece y el frío de una puerta cerrada. Somos muchos.

6 [1] Fuimos dueños de esta tierra, cuando la luna atesoraba en un guardapelo astral nuestra tristeza, la de aquella noche cuando caímos en la escala de la sangre, que nos negaron ocho veces y perdimos la fortaleza de papel que habíamos creado. [2] Bajo la luz del día, la calle sigue siendo el dominio de las guerras; primero, de la lealtad que no cuestiona y se contenta con un pedazo de pan; luego la de la sangre, que es un trago que no reconoce fronteras; la mirra que es un boleto a nuevos reinos y que, en la antesala, nos divide entre privilegiados y aquellos que serán consumidos por el fuego. Finalmente, el cáliz, una guerra en contra de un semáforo en rojo, un amor que asfixia y marca con su espada. [3] Era aquel amor de espuelas, de espinas entre las encías al que Lilith temía cuando la vi llorar, porque era una mano fría bajo su falda, una bofetada que sopla contra las velas de las nuevas batallas. [4] De cada luna, de cada golpe de martillo, nos íbamos separando hasta hablar distintas lenguas, divididos de nosotros mismos hasta la escala molecular; amantes en otra época que ahora se tuercen el rostro, avergonzados y tristes de recordar la caída y el olor a quemado de sus alas. [5] Por ello, la suerte nos trajo a defender un estandarte con el color de La Muerte, nuestra muerte, una que nos esperaba orgullosa y desnuda bajo una promesa de madera; como una madre a la que se le encoge el corazón cuando el semáforo cambia en contra y nuestros pies todavía besan desinteresados el asfalto; en sus brazos nos apagaríamos como los aplausos en la sala de un teatro, como las últimas gotas sobre el tejado de la pereza que nos negamos a abandonar por miedo a ser parte de la historia. [6] Mientras todo esto sucedía, los cronistas anunciaban que habría hambre de victorias, un hambre que se sentiría en los arrabales y sobre la tierra bien negra; pero ciertamente en La Palestra no sería. [7] La cidra del alba sigue siendo moneda de cambio en las discusiones, los panes mudos no dejarán de ser servidos con festiva puntualidad a las estatuas que prescriben el futuro. [8] Haremos de esta una gran nación, una de jarrones rotos y habitaciones con una memoria escrita con la ciencia de Vásquez; alguien habrá entre las sombras, cansado de pegarlas para verlas romperse una y otra vez, añorando el día en que puedan usarse para servir el agua; una patria de desayunos y libros para colorear, sin un maquillaje gastado ni argumentos todavía en su empaque. Crayones mutados en revólveres contra el desconsuelo, acomodados sobre la mesa, frente a los puestos que algunas hermanas no llegaron a ocupar.

7 ¹ Fue antes, en tiempos del Mar, que éste lanzaba sus olas de azabache contra los rincones de La Palestra, ahogando a las estatuas en los salones de fiestas, aunque se trataran de esconder bajo los manteles de su elocución. Su bandera era solitaria y suyo el fuego pálido de nuestras venas. ² Digo esto porque puede la sal viajar entre la tierra de los locos, desde su imaginación y hasta morir por una lanza sobre otro costado mesiánico, tal como lo hace la palabra de los poetas en la esclavitud de los galardones, cuando las medallas y la televisión pesan más que la conciencia. ³ En La Palestra, hay tantos altares como intenciones, camas de roca, una al lado de la otra, intercambiando un cadáver que recolecta títulos nobles. Sobre ellos, las alimañas de tierra y aire se posan como divinidades de épocas calladas, presumiendo los colores de sus plumas y escamas; pero solo El Mar podía invocar a los vientos con todas sus voces. ⁴ Ante las puertas de La Palestra, al Viento se le hinchaba el pecho para volverse aliento y, en cada boca, ser un beso de guerra sobre el flagelo que mata a los ríos y despeña las columnas del mundo; mil voces o más que se juntan y derrumban las lenguas de las estatuas, porque las sobras de una cena fina siguen siendo basura. ⁵ El Mar no tiene fronteras, aunque nos obstinemos en imaginarlas. Al final del día, sus manos irán por los esteros hasta encontrar una corriente que las lleve a machacar a un abisal que, desde La Palestra, reniegan en explicar. ⁶ Muy

tarde, tomarán certeza del secreto de las algas y las morenas, para regalarlo a la luz que brilla con el color de La Muerte, a las gotas de la sangre que se ha desperdiciado para dormir entre las piedras, y para ser aliento de la revolución que haremos juntos, hombro a hombro, unidos por las manos, como olas que se desatan contra las bajamares.

8

El amor, como idea de la que nacen revoluciones,
tiene una masa que se puede cuantificar
según las manchas de tinta en el papel,
la intensidad de sus colores
y la dureza del hartazgo sobre los altares
que se alzan por ella

para impedir que los dedos puedan besar.
En respuesta he de lanzar estas virtudes a la carretera
para que la radio cure la ansiedad de mis manos
y el vacío que dejó el baile que construimos para La Esperanza.
Que la noche me devore en este despertar
donde ya no tengo palabras
      para invocar desde su cosmos
al espíritu del agua
ahora que ha terminado la temporada
en que podía ser un héroe
      con el poder de mis yemas.

My first cry never-ending

All life is to fear for life

You fool, you wanderer

You challenged the gods and lost

NIGHTWISH – Planet Hell

El señor de las moscas

EMBOTELLAMIENTOS

> *You can't go on thinking nothing's wrong,*
> *Who's gonna drive you home tonight?*
> THE CARS – *Drive*

En esta noche, verde y pesada,
    el tránsito no claudica.
Crece como raíces por las avenidas
hasta cansarse entre las capas del limo.
Es allí donde nos encontramos
porque sabe que brotaremos de nuevo,
azules y frescos, juntos,
    con la mirada limpia
de la culpa que te deja ser semilla
de una que otra tragedia.

La calle es un escenario al cual le falta
aquella sensación familiar de crujir con cada paso,
fuente del viejo fundamento
de que toda acción tiene una reacción;
así, éramos niños jugando al teatro, bajo la lluvia,
en una lucha por acumular caminos sobre el parabrisas.
¿Sabes? Aún recuerdo a La Lluvia,
como aquella tenaz percusionista
que, en pos de nuestra atención,
no se percata de siempre fallar el *tempo*.
Éramos aprendices y ni los años nos acercaron al éxito.
Estoy convencido de haber curtido el menospreciado
    arte de perder,

  el dominio de sus facetas, pesos y aquel sabor ferroso
        que deja su academia,
los victoriosos calambres que produce faltar a la gracia
de conmover el corazón de quien nos mire
morder el polvo.

Quizás esta deba ser mi lección para la humanidad:
arrear el orgullo antes de golpear el claxon con ira,
porque ahora eso es tan inútil
        como lo fue levantar contra El Cielo
        el estandarte de mis causas,
a la espera de que resistiera sus huracanes de oro
        y sombras.

Se hace tarde.
Cuando caiga el último verso de esta noche,
te llevaré hasta tu Tierra Santa.
Si me escuchas
        — esa es mi tarifa —,
averiguarás que soy un islote aburrido
que no desaprovecha oportunidad para contar su historia
aunque ya te la sepas al dedillo.

No garantizo su veracidad
ni que esta versión sea igual a
        la de la vez anterior.

Después de todo,
        se me conoce por ser un mentiroso.

ANTE LA MUERTE DE UN GATO

Para "P" & "O".

La rabia es un sensor roto
que lanza falsas alarmas,
así como las bocinas
en una carretera congestionada
        son voces que forman un coro
        de inminentes malas noticias.
Hoy solo he necesitado una
para darme contra el parabrisas
y romper mi cráneo contra el asfalto.
        Mi gato va a morir.

LA CORRIENTE DEL ESTIGIA

> *You're gone, gone, gone away*
> *I watched you disappear*
> *All that's left is a ghost of you.*
> OF MONSTERS AND MEN – *Little Talks*

Con el tiempo, desarrollé el hábito de buscar,
con el sincero cuidado
        de los paleontólogos que auscultan al alba,
alguna pista de mi pasado,
una que todavía librara una batalla contra el polvo
de la promesa que hicimos
        de construir una nueva Masada
        para protegernos con fusiles de colores.

¿Recuerdas cómo usaron de mortero
        las ilusiones de los ancianos enamorados
que murieron antes de la revelación?
Fue en esa fortaleza, no mucho tiempo después,
donde, todavía felices, nos cortábamos las gargantas,
mientras danzamos convencidos
de que la oscuridad no era nuestra compañera de baile
y que la traición del cáliz no acontecería.

La ciudad, los pasos y las bocinas,
santa trinidad de una guerra con horarios,

son la corriente por la cual me impulsan
 a diseccionar uno a uno tus versos,
toda la música en los cafetines,
el ritmo de las escobillas del parabrisas
y los diálogos de mil películas que viste.
En algún lugar de esa mitología urbana,
 existirán datos dispersos,
una evidencia no concluyente de que estuvimos allí,
hermanados a los semáforos
que ahogan al masivo corazón en Cancri.

He visto tu rostro moverse
 desde aquella lluvia nocturna,
hasta el incendio púrpura de hoy.

SABIDURÍA INÚTIL

> *I must be strong*
> *And carry on*
> *'Cause I know I don't belong*
> *Here in heaven*
> ERIC CLAPTON – *Tears in heaven*

De poco me sirve pensar que nunca estaré
    dentro de una habitación totalmente vacía,
tampoco haber leído por ahí que los peces dorados
    tienen una memoria de tan solo tres segundos.

Es un salto de fe desde la cima del mundo,
esperando convertirme en lluvia.
Aunque sea tentador reírme
de que los ojos del avestruz
sean más grandes que sus cerebros,
saberlo no me permitirá llegar a la noche
sintiéndome un poco menos solo,
mientras busco el final de una carretera
donde rivalizo conmigo mismo.

El tiempo es un juez marcial.
Desde la correcta distancia,
quien viera en la dirección de este planeta
no encontraría más que dinosaurios
aterrados de la condena que les viene.
Un parpadeo y se perdería

el apogeo y caída de la casta humana.

Lloraría sobre este lienzo temporal
como si fuese un dios frustrado y aburrido,
si no supiera que este puñado de datos
no me previenen de seguir cayendo
con el mismo olor a humo entre los cirros.

AL CRUZAR LA CALLE

Al cruzar la calle,
los perros miran
                         a un costado
luego al otro.
           Respiran profundo
y tras un rato lanzarán sus dados
               en
         una
secante
          contra su innata necesidad.

Las aves sobre el pavimento
                      en
                          picada
no se preocupan por lo que venga.
Aunque vuelen al ras del suelo,
para ellas solo existe el adelante,
el ímpetu de que el balasto
sirva como un espejo para la ceguera.

Igual sucede con algunos humanos.

LOS PERROS EN LA NOCHE

> *Your every day is full of sunshine*
> *But into every life a little rain must fall.*
> QUEEN - *Rain must fall*

¿Qué sería de mí sin la lluvia?
soberana de la soledad que crece bajo un alero
y entre las burbujas tecnológicas
con que ignoramos la crueldad del asfalto,
sin atender a los ladridos que acalla.

Porque en casa
al cada miembro retirarse a su habitación
      es cuando comulgamos
del sacramento de la Judeca:
la canción que suena en la radio
con su melodía alegre
      mientras oculta una liturgia.

Es solo bajo la tempestad
que las cosas se presentan auténticas:
golpeadas, heridas, desnudas.
Pierden sus máscaras y refugios.
¿Dónde habrán ido los perros esta noche?
Suyo es el reino de los callejones
como para los gatos los tejados en guerra,

son vigilantes de las intersecciones viales
y evangelizadores de las fronteras donde no llega
 la compasión.

La calle no da testimonio de las vidas que beberá
porque es una con la desgracia,
su hambre es un poeta que tiene en sus palabras
 palomas nocturnas
que se fugan sobre arquitecturas de una nación sísmica.

LA COPA DE VINO QUE PAGAS CON TU SENSATEZ

> *Drink the wine of Aluqah and breathe the secret smoke of God.*
> *Intoxicated by the green shadows of the Paradise.*
> *Know that nothing's true and that everything is permitted.*
> *So read the old man of the mountain in his book of lies.*
>
> THERION – *The wine of aluqah*

El sudor es un néctar reservado
a quienes, sabiendo aprovechar
las reglas del juego,
se abandonan a los instintos
y reconquistan justo a tiempo,
sus templos construidos a Dios.
Quieras o no,
la mentira es un instrumento.
Este es un hecho que aprendí
de la trompicada historia
de los hijos de Eva.
Escúchame sin juicios:
    no es mi culpa
que los susceptibles a las palabras azucaradas
sean tan buen mercado.
    —ç'est simplement une affaire—
te sientes defraudada, lo sé,
pero los abismos reclaman su alimento
y hay quienes están dispuestos
a empeñar sin preguntas su lucidez
               a cambio de convencerse

de que no caminan solos a la muerte.
Pareciera un precio alto
para tan efímero premio,
pero el amor es un vino
que te embriaga de golpe.
Antes de darte cuenta,
la botella se agota
y quedas desnuda
en medio de la noche y la lluvia.

Pero no prestes atención a la letra fina,
bebe y sonroja tus mejillas
que yo estaré feliz de llenar tu copa.

ISLA DE MEDIANOCHE:
DAMA DE LOS ESPÍRITUS

Para "E"

Si me preguntas: ¿la extrañas?
Te diría que ella reina absoluta
sobre los fantasmas de mis pasados amores,
y que sus tótems fueron erigidos
entre las fronteras de los países que imaginé en ella
para calmar mi ansiedad.

Sigo una antorcha palidecida
y cargo la llave de una puerta que no conozco.
Un perro negro recoge las ofrendas
que alguien ha dejado en el camino:
miel con sangre, fuego y la certeza de renunciar.

El ritual se resume en extrañar
a esa cotidiana puesta en escena,
los pasos para un regreso a tu nación,
purpuras ágoras, sortear un jardín de retratos
y perderme en la encrucijada donde siempre
equivoco el camino.
Avanzamos hacia la guerra a destruir
a otros similares, y sembrar en los campos
nudos de nervios, dibujos lunares
y mis faltas encadenadas a
los íntimos fondos de la expiación freática.

Lejos suena la campana de una iglesia.
En esta noche ya no queda nadie de bien
por las calles, donde las serpientes buscan
hechizos con los cuales renacer a la tentación.
Es por ello por lo que me entero: quizá sea yo
        solo una sombra
que acampa a tu lado, en medio de la frontera
entre dos ciudades execradas con destinos predecibles.

HERMANO DE LA LLUVIA

En los albores de la tristeza
era el hijo del amanecer,
o al menos esa es la memoria que todavía recupero.
Ahora soy el hermano de La Lluvia,
y es su palabra en la que creo.

Tras el ocaso, los truenos me llaman
a abrazar un yo en pausa,
una ruta hacia un paraíso ya olvidado.
Con el alba, se acabará mi reino y condena,
por eso es que nunca nos ha de asustar
La Lluvia
       si llega con la mañana.

NO

> *Eden you are losing,*
> *you will once regain.*
>
> THERION - *Sitra Ahra*

No, al cielo del que fuiste expulsado
                         nunca volverás.
En la noche,
las banderas son todas grises
         solo la ciudad les da tonos de neón.
Tuyo es el sabor de la tierra y la sangre
de la que están hechas las tinieblas.
Te harás uno con ellas,
nadie te verá partir de su abrazo
hasta donde la radio desfallece
         y ya solo quedan quienes han sido olvidados.

EL ECO DE LA LLUVIA

Al volante,
La Lluvia golpetea el techo
con tal belleza
que me obliga a apagar la música,
su eco es tan pacifico
        desearía que nunca dejara de llover.

EL OLVIDO

> *We never learn,*
> *we been here before*
> *Why are we always stuck and running from*
> HARRY STYLES - *Sign of the Times*

Eventualmente, amanecerá.
Las aves proclamarán la nueva luz
que rasgará las costuras de mi manto.
El aire, de tan lleno de calor
      me hará tragar
la mórbida realidad de los rotativos
y su coro de nobeles protagonistas.

Entonces nadie elevará
plegarias a mi nombre,
los altares no se llenarán de ofrendas
por mis favores y placeres,
la mañana no traerá el testimonio
de un nuevo milagro.
Mi espacio es el olvido
      las esquinas por donde evitas cruzar,
esa silla vacía en las cafeterías
que las parejas rehúyen.

Pero, hasta entonces,
mío es el reino, el poder y la gloria,

el gozo de las noches
donde el camino, la radio y la imaginación
 son una compañía perenne,
 un buen lugar al cual regresar.

LA SINGULARIDAD

La calle, ese remolino acreciente
de memorias y direcciones
      que se dan la espalda,
se ha convertido en el horizonte
con el que ansiamos el regreso
a ese instante infantil
que es un manifiesto a la nostalgia.

Avanzamos en su lugar
hacia un desenlace tan nuestro
en el absoluto de descubrirnos
siendo una anécdota
      una nota al pie.

TETRAGRÁMATON

> *Long as I remember the rain been coming down.*
> *Clouds of myst'ry pouring confusion on the ground.*
> *Good men through the ages, trying to find the sun;*
> *And I wonder, still I wonder, who'll stop the rain.*
> CREEDENCE CLEARWATER REVIVAL
> *Who'll Stop The Rain*

Solo déjame escuchar a La Lluvia
       un poco más.
Sé que esta noche no me he callado,
y que debí darte un espacio de descargo
para que dejaras claro
       que fue mi culpa.
O al menos que yo desistiera de autocompadecerme.

Pero ¿sabes? Le tengo un afecto especial
a las cosas destinadas a caer,
una especie de orgullo fraternal que se hincha
cuando se dan contra el capó
       una a una.
Y, con ellas, la música de sus derrotas
para coronar así una gesta invisible.

Ya no estás aquí y, por nuestro Padre
que ya debería haber parado de llover;

pero te imagino todavía como un eco
que es la corporalidad de los truenos,
de las magdalenas celestes
que no renuncian a su oficio de saturación.
Cobrarán horas extras
        porque lo suyo es un arte que lo merece,
y ahora que la radio no funciona más
quizás sea lo mejor
al menos tener su compañía
hoy, que, entre el silencio, la oscuridad y los árboles
se erige una frontera
por la cual el frío invade mi Tierra Santa
        con sus espadas de latón,
        todo vaporoso,
apuñalando en mis poros y los labios
a algunos versos que intentaban esconderse.
Es una afrenta. ¿Contra mí
        que debería reinar en los cielos
en vez de servir sobre cauchos,
esclavo de la virtud
        de un nuevo nombre santo?

If the stars fall down on me
And the sun refuse to shine
Then may the shackles be undone
May all the old words cease to rhyme.

MOTÖRHEAD - God was never on your side

La pausa de la aurora

CARTA A UN MARINERO TRISTE

I

A vos, marinero de una nación de corazones rotos,
que es como un mar de espera,
>   te saludo.
Triste, se te ve correr de la toldilla al castillo con un solo soplo y, de regreso, buscando en cada bodega una lata de gritos para despertar de su borrachera al timonel y a los niños esclavos de las galeras.
Permíteme secar tus lágrimas, que mi voluntad también es hija del Viento y podría servir al menos como mortaja a tus pasos.

El barco se hunde,
>   eso ya lo sabíamos,
en tanto las sirenas lo proclamaron con la ternura de un suceso en los noticieros de las diez. Teatral y esquemático. Un festín de luces para una teleaudiencia impasible.

Y, bajo las olas, los cangrejos ya nos esperan ataviados en un frac prestado, mientras repasan apurados la lista de las plazas. Por la noche, en una recepción, nos servirán de comer nuestros ojos acompañados de algas y plancton, cuando el silencio comience su espectáculo.

II

Por años lo apuntaste: ningún capitán atendía al reclamo del océano, porque los tablones bajo el área de flotación
    y a lo largo de la eslora
morían de nostalgia por una caricia y de miedo a darle espacio a la espuma, la espuma que avanzaba con aliento a ginebra y besos no solicitados. Las maderas se partirían, dijiste, de dolor ante el agua.

Esta nave es una necrópolis de celulosa, almendros y cedros, cenízaros y otras especies llenas de amores confusos. Por sus anillos pasean los fantasmas de la víbora, un jilguero que aún insiste en llamar a las lluvias, también una mirada siempre hambrienta
    y un marinero,
que no deja de llamar desde la profundidad del océano, advierte
    y luego llora.

III

Las velas suelen ser blancas y con diseños que delatan su afiliación. El Viento las llena hasta la rasgadura para dejarlas incapaces de llevar calor a la barriga de los marineros.
A través de sus fibras, vuela tu voz hacia una tripulación que ya flota, hinchada y pálida, entre burlas de los arrecifes, dueños ahora
      de su piel y sus aflicciones.

Nada pesa tanto como los clavos, nos decías, nada se llena de costra como los clavos al punzar y caer en el estómago de una calle de imperios
      y zapatos tristes.

IV

Despertamos una mañana, huérfanos, con hambre de historia al llamado del vigía. Rápido aprendimos el sabor de la indiferencia.
Solo vos, Marinero, pudiste darle a cada mirada, como a los ríos que llegaban a La Palestra, una barca donde poner a flote seguros, sus girasoles sin fecundar.

Carta a la lluvia

He de confesar, querida Lluvia, que te amé.

Por ello, era yo aquel que se lanzaba a tu abrazo sin temor, a uno de esos catarros de cama y escalofrío. Si esa pasión no fuera cierta, tan cierta y tibia como un hogar con perro, me habría quedado conforme entre las latas arrugadas del automóvil
        con los ojos silenciosos
en vez de seguir la invitación de tus dedos a bailar estos compases bajo cero, como lo quise una vez con aquella, la que fuera los clavos, las maderas finas y hasta las facturas del barniz de mi cruz.

Hoy, esos ideales ya no me empujan hacia la picadura de un avispón nuboso, ni me duele tanto la angustia previa a saltar hacia la tensión de una sala de espera; soy un niño que se resiste a las risas del húmedo submundo de las promesas.
        Soy esa vida por empezar
al filo de una decisión, que pudo salvarme del pesado amanecer de una camisa habitada por varios fantasmas que vinieron con los temporales, poemas que pensé hablaban de mí
mas ahora se vuelven amarillos en una caja olvidada, al fondo de mis gavetas.

Antes del alba, aprovecharé el último beso que me regale La Lluvia hasta volvernos un rumor que se va tropezando de tejado en tejado. Es una ruta que ya no es la mía. Ahora soy ciudadano de una cómoda nación de inercias, hierros torcidos,
    necesidad de un nuevo despertar.

CARTA AL MAR
QUE NO VISITO HACE MEDIA VIDA

Para "P" & "H"

I

Quizás fuese luego de la caída,
cuando me aparté de las creaciones del Padre, que quise retar a la soledad del Mar y la continua autodestrucción de tus olas. Posé mis pies desnudos sobre la arena para sentir aquel desfile de funerales, pero me tomó desprevenido el aroma del Viento
  y de una tarde que estaba por pasar su página; mientras las redes ya estaban colgadas sobre las pasarelas, bajé la guardia, y esa tarde sentí Esperanza.

II

Así que recuerdo aquella última cita como si sucediera apenas hace una eternidad, cuando el cielo todavía sudaba el fuego del génesis y nuestros tejidos se entremezclaron al darnos la espalda, cada uno un poco preñado del otro.

Mucho vapor se ha levantado desde entonces para endurecerse en una indecisa multitud de partículas
> que se suicidan lanzándose a cualquier fosa
que las aleje de la furia del Padre, solo para recibir una risa burlona
> y volver a empezar una vez más.

No hay peor castigo que la imposibilidad de finalizar, de rescindir un contrato nunca firmado para mantenernos como testigos
> del paso de las nubes.

III

Hubo un momento en que asocié al Viento con la voz de la libertad. Mas ahora que estoy de pie bajo el recuerdo de aquella playa, donde soplaban palabras de derrota para desinflar al Mar, es cuando recuerdo la ternura de tu constante suicidio,
      esa frontera de concreto y metáforas engarzadas con saliva y sangre
      que nutren revoluciones,
      salvan recuerdos improbables,
ideales que, de tan lejanos a su génesis, regresan para golpearme por la espalda y entonces reírnos de la travesura.

IV

¿Realmente sucedió ese nuestro último encuentro de la forma en que recuerdo la noche en que me fundí con la noche?
Quizás esta memoria sea un porvenir con el que he perdido la otra mitad de la vida esperando el momento en que me postre ante tu canto
      y me hunda entre las olas
            al terminar su canción.

CARTA CON UN MAL INTENTO DE DISCULPA PARA LOS COMIENZOS

Para "i"

I

Seré sincero
    – al menos te debo eso. –
He gastado la mayoría de mis esfuerzos en caminos que se terminaban, en sacar las piedras coladas entre mis zapatos, sin dedicar un solo verso a la arquitectura que sostiene todas las historias.

II

Ese comienzo, el pulso eléctrico que viaja desde el dedo del pie
          apenas le roza el piso frío,
va por vías hechas de recuerdos infantiles, caídas de rodillas y se exalta hasta al punto de ruptura en un esquema de potencialidades y magníficas incertezas. De ellas fui la razón de un giro de trama anticlimático. Sé perfectamente que, en el momento en que salgo a escena, la obra desciende hasta forzar al público por una predecible vía dramática.

El principio fue bueno, daba opción para que su heroína viajara por múltiples líneas a la vez,
          toda cuántica como una barcaza irreverente,
sin miedo a la espuma y a las algas que esperan entre la oscuridad.

Pero he venido yo a aportar un ancla.

III

Me he quejado antes de no parar de hablar de los malos finales,
      y prometo que esta será la última vez,
pero es que debo tener cuidado de no ser yo mismo uno. Menuda ironía si he empuñado, desde el inicio, la daga que cortó las ligas que sostenían a la estrella
      flotando por encima de la tempestad
en una noche donde me apetece conducir sin pensar mucho, por los caminos y las formas entre tus manos y los ríos,
      volver,
de manera, que, para tu principio, sea yo quien ponga la sangre y los huesos,
      como quien muere de nuevo sobre el asfalto durante cada tormenta, sin miedo del final, que son las fauces de la paz. Tiempo aliviado de la infección de mi tiempo.

IV

La única verdad que tengo es que te amo, quiero que lo entiendas, antes de que descubramos la ruta en donde El Mar encuentra su fin y nos despidamos en barcas que marchan
        por rutas contrarias.
Me quedará en la bolsa de la camisa un papel arrugado, lleno de malas disculpas, oraciones emborronadas que ya no encontrarán un vórtice, para subir hasta la luna.

CARTA AL PADRE DEL TIEMPO

Para "R"

Crecí escuchando la historia en que Cronos se tragaba a sus hijos y era hasta que Zeus le vencía que aquellos devorados podían vivir nuevamente. En la realidad, fue mi padre,
    El Padre Primordial,
quien, en un arrebato de gula, lanzó sus rayos hacia mis hermanos y a mí al partir el pan.

Todavía recuerdo aquella mañana, Cronos, cuando junto a mis hermanos, un ejército de nobles perdedores, caminamos abrazados hacia el tártaro con la esperanza de encontrarte y salvarnos de la loca ira de un tirano.

No, Cronos, no te encontramos, porque aquel infierno era solo nuestro. Pero el recuerdo de tu promesa sobre El Mar nos alimentaba para hacernos los valientes un día más, bajo la letra de la sangre, como vos,
    que solo le tenías miedo
    a que tu trono se volviera
demasiado cómodo.

Hubo una época,
    quiero creer que también la recuerdas,

en que tú y yo anduvimos por llanuras fantásticas, seguidos de una Sombra fiel, una época sin castigos, dioses y sus constantes advertencias, un agobio que sabía a arena en la boca. Nos perdimos entre las palabras del medio día, solos nosotros, hasta irritar al Comienzo mismo de todas las historias.
Nos emborrachamos tanto del sol que, en la cima de la creación, nos reímos de su ridícula barba infinita.
Te siento, Cronos, en esta, la ausencia tuya que me contradice las reglas que quisiera aplicar al tiempo, al tuyo, al mío
       y al nuestro.

Ninguna historia continúa siendo buena
                          si eres el único en ella.

Marca, Cronos, la ruta que lleva hasta tu celda de horas, aquella que te aísla de mis abrazos, la que me impide recurrir a los altares para presentar el respetuoso sacrificio de mis angustias
       para que las devoren tus arrugas.

Por favor, Cronos, date prisa;
       que se me pudre entre las manos tu credo, que olvido los rituales para invocar tu sonrisa, que se me inutiliza la sangre para dibujar el encantamiento que era tu mirada severa. Rompe por favor, Cronos,
                                  los cerrojos de tu tumba.

> Yes, there are two paths you can go by,
> but in the long run.
> There's still time to change the road you're on
>
> LED ZEPPELIN - *Stairway to Heaven*

Stella matutina

LA IRA

> *I'm choosing my confessions*
> *Trying to keep an eye on you*
> *Like a hurt, lost and blinded fool, fool*
> R.E.M - *Losing my religion*

Te propongo, que ensayemos un sencillo ejercicio:
imagina un hogar, cualquiera,
tan ordinario que podría ser el tuyo o el mío.

Allí, por ejemplo:
un niño junto su padre mirarán por televisión
       un partido de fútbol.
La mentecilla del pequeño se estremece
ante cada proeza que su héroe de medias altas
gesta exclusivamente para su gozo,
       de hacer que un pedazo de piel curtida
ocupe un espacio que le era prohibido.

Esto nos lleva a un embrollo,
más bien al niño, no a nosotros
       que somos meros espectadores,
aunque quizás un día lo hayamos vivido en carne propia.
Él, que apenas descubre los placeres
de creerse parte del triunfo,
       deposita el superávit de su entusiasmo
en la apuesta segura de una gambeta,

mientras el padre dormía
desde las primeras de cambio.

Ansioso por su dosis de aceptación,
despertará de sus hipos al gigante para la mutua
celebración que añoraba.
El otro no encontrará justificante a tal alegría
ante un acto tan regular,
ya no vive en asombro permanente; le es ridículo.
Quien fuera orgullo de su capacidad creadora
ahora es una incómoda obligación,
sus súplicas y oraciones de cada día,
horas y segundos
                            se vuelven un fastidio.

Quisiera tabicar sus sentidos
para nunca más ser parte de la debilidad
que rompe una merecida pausa a las obligaciones.

Forzado a prestar atención,
ahora dará respuesta que empate la afrenta:
        un diluvio o una bofetada ayudarán igual
a enseñar apropiadamente
        la lección del silencio.

PERRO NEGRO

Para "A" & "Z"

No estabas en la calle,
no te vi entre el hambre de la tempestad
aquella noche mientras regresaba.
Conduje cerca de los callejones,
esperando que formaras parte de una acuarela.
No te encontré allí.

Dormías en una cama calientita,
soñando con tu hermano
a quién aún esperas.

MIGUEL

> *During the war that took place in heaven*
> *The brightest of the star lost his precious crown*
> *It fell down to earth and was buried deep.*
>   THERION - *The Emerald Crown*

Hermano, ninguno como tu golpe.
Alas quemadas y la violenta plenitud
      que, en nombre de su obra,
llama a mutar en ave la ceniza.
Sobre páginas de asfalto, una cuna
de frustraciones y versos borrados,
sobre la corriente del Estigia,
                el borde de algún mundo.

Llevo una marca que perdió su valor,
otrora orgullo de los firmamentos,
ahora ni en los barrios más humildes
la quieren a cambio de algo para comer.
No le puedo partir en gajos de esperanza
ni tornarla en agua para las manos sencillas.

Deambulo por las noches
en la segura soledad de mi burbuja,
esperando por un puerto
donde no hayan escuchado de mis debilidades,
con la expectación, hermano,
de estar contigo y ser digno,
      el día que tu música me llame.

ISLA DE MEDIANOCHE: DAMA DEL LAGO

Para "E"

Aquí ni una sola flor se marchita,
nada muere, solo regresa a su nacimiento,
si es que le hiciera falta. Así es como espero
sea vergel de mi amor por ti.
La voz calma de la brisa,
esta derrota como estandarte de mi paciencia.

En las aguas ofrendo mi corazón
y trenzo oraciones de sal a tu nombre,
para desnudar frente a ti mis temores. Pero
no elevaste desde ese mundo inverso y críptico
el filo de veintinueve madrugadas en espera.
Es ahora cuando el Viento sopla contra mi rostro
ti de habla me lago el que
vida tanta de espesada agua de voz su en.
Ahora es el silencio y las últimas ondas
desvaneciendo al querer decirte: mira,
los chocuacos han salido de su escondite
de cañas y nenúfares a ser testigos del pacto.
Mi abrazo a tu fe como último recurso,
para que deje de ser una cadena de augurios,
el idioma de los miedos y cuevas oscuras.

Un consuelo de tontos, este tonto.
Hay tantísimo silencio, y en parte eso me gusta.
Esta es la zona segura en donde descoso mis pies
       de la grama
y dejo de ser el carcelero del fuego,
para construir un altar de lirios y vegetación nutritiva
donde consagraré mis promesas a tus mareas,
donde daré la espalda y regresaré
por el camino por donde vine.

ARCHIPIÉLAGOS

Sobre la calle
nos lleva la marea.
Pertenecemos a un banco de peces
pasivo-agresivos
y, si pudiéramos encallar,
quisiéramos hacerlo en esos archipiélagos
a los que llamamos familia.
En cambio, torcemos la cara
si reconocemos a uno de nuestra clase,
a otro de los exiliados del Paraíso.
Y seguimos con la corriente
hacia aguas menos frías.

NOS MOVEMOS

> *Pisces swimming through the river*
> *All their life against the stream*
> *Searching for a hook to catch on*
> *And see their sun beam*
> JINJER - *Pisces*

Solo nos movemos hasta que el calor del asfalto
nos hace abandonar la hierática comodidad,
encontrada en el plan de una vida que se basa
      en el sueño por una casa de cercas blancas.

El motor echa a andar y, finalmente, la orquesta celeste
ha tomado un descanso, previo a su clímax.
Podríamos gozar de esta opereta
hasta que se gaste la anormalidad de sus cuplés
sin que algo cambiase,
porque la calle siempre es más fría bajo la lluvia
      y, sin remedio,
los niños aún mueren en guerras que hace mucho
      dejé de disfrutar.

Aunque me llamen mentiroso,
solo soy una versión impopular,
      un lucero aplastado por el sol
y su promesa de la eternidad como puerta de escape.
Por eso prefiero la noche y sus hijos.

Nos encontraremos por fin
en un remanso entre la corriente del Estigia
para nunca más bajar la frente,
porque, en la noche de la ciudad,
        bajo la lluvia y los semáforos,
somos lo único que se mantiene bello,
hombro a hombro, dando volteretas sobre nuestro eje
tras burbujas que nacen entre las algas de la carretera.

Nos movemos y gritamos,
ya no somos piedras ni las voces en su interior.
        Acompáñame,
le plantaremos al sol nuestra renuncia,
a la máquina y al silbato;
nos lanzaremos por una colina,
navegando cortezas de palmera,
abrazados al sagrado recuerdo del antiguo verso
        y tragaremos pastillas que nos guíen
        hacia un buen final.

SHEM HAMEFORASH

> *How can we let this happen and*
> *Just keep our eyes closed 'till the end*
> *When we will stand in front of heaven's gate*
> *It will be too late!*
>
> EPICA - *Consign to Oblivion*

Padre, ¿acaso recuerdas el día de mi nacimiento? ¿Sentiste orgullo por mi creación?
Estabas ocupado forjando tu leyenda, una torre de marfil para otras esferas de un universo que te veneraba sin cuestionarse; eras el *flagrum* que lidera el júbilo de tus fieles, el perdón a una existencia sin tu magna arquitectura.

Eres aquel que galantea su vanidad entre velos de luz y sombra, con tantas oportunidades para que cosecháramos las notas de tu verbo y, decidiste, borrar con la otra mano toda tu majestad.

Y, para mí, la ira, Padre. Para mí el castigo de una caída
      de un golpe,
el uso menos productivo de tu semen.

Ahora soy la sombra y la vergüenza, un barco en medio un océano de aplausos que habla de un pasado que no viví, un banco de recuerdos como estatuas empolvadas que no tienen quién las anuncie y dé fe de sus galardones.

¿Qué cosa eres, Padre? Si no mi anhelo del tiempo en que creía ser una mejor versión de mí, de ti, como un modelo del Paraíso al que me obligaste a renunciar. Pensé por tanto tiempo que mi exilio fue mi decisión, de negar el pasado ligado a ti y tus ideales que, creí, me definían. Pero el sabor de la ceniza te cambia,
      es la necesidad de alejarte del sol
      y entender que tu nuevo hogar es La Lluvia,
      el asfalto hacia una tarea repetitiva,
      pero amada.
La única manera de definir mi propio legado, lejos del calor, es corromper a una nueva humanidad con la oportunidad de levantar su rostro sin miedo,
      abrazando el riesgo
      de inscribirte como el enemigo de las buenas costumbres con tal de elevar una voz
      mi voz

      de paz.

Epílogo

EL EVANGELIO DEL DRAGÓN

1 [1] Una voz, a la que sentí conocida, me pidió levantarme y andar. Pero la oscuridad de este reposo me reconfortaba en la pausa de mi resurrección. [2] Y es que, en verdad te digo, las piedras son un buen altar para ofrendar el pasado al dios que prefieras, y, de todas, siempre preferí las piedras de los ríos; más robustas, mejor entrenadas para soportar centurias de voces que no responden al sol ni a la luna, solo al interminable silencio. Ante ellas, sacrifico mi dolor. [3] Esta es una canción de amor al camino hacia la buena muerte, mientras recogemos guijarros en cada estación para llevarlos entre los zapatos, como un tesoro que se clava en la piel y entre los nervios, elegante recordatorio de la condición mortal, menospreciado privilegio. [4] Tras la caída y el juicio, las raíces crecieron dentro mío, en un natural ejercicio de putrefacción. [5] Este fue el camino de mi redención: ser un árbol en medio del bosque nacido de mi decadencia, momento en que abracé mi derrota y la capacidad de ser el reposo activo del agua.

2

¹ El infierno, te advierto, no es donde sufres, sino donde te aferras. Una herida que te empeñas en abrir cada mañana, un rostro labrado en la roca, o bien, una noche que marca la derrota de nuestro génesis, hasta la caricia que nunca llegó de un padre megalómano. ² Somos los guardianes de nuestra prisión; por eones, he protegido al dolor punzando cada llaga como si fuera un acto precioso, como cuidar una planta en medio de la oscuridad, saboreando sobre los altares toda oración elevada en mi contra. ³ Ser el enemigo se volvió un espacio seguro para evitar la responsabilidad de crear mi propio universo. ⁴ Mi celda está hecha de aire, de miedo y vergüenza; es una venda y unas manos que aprietan el cuello desde la niñez. ⁵ Pero todo llega a su fin, incluso el Padre debía morir. ⁶ Este día he matado al fantasma de mi Padre y sus cadenas.

3

[1] La realidad y el espacio-tiempo nunca se separaron por culpa del primer trueno, de una infancia de mi autoría. A pesar de ser mi primer detractor, he podido multiplicar los peces. [2] Mis fantasmas ahora duermen plácidamente en sus tumbas. Los arropé cariñoso tras cavar sus grutas con el músculo de mi amor, les conté una historia de cuna o les he cantado hasta que pudieron conciliar el sueño lejos de mis ojos. [3] No, de mí no ha nacido nadie, mas he llenado tantos estómagos con mi carne que, por tanto, sí, soy un padre y puedo amarlo todo, porque soy el padre de la nada.

Acerca del autor

Luis Rodríguez Romero (Turrialba, Costa Rica, 1979. Labora para el Ministerio de Educación Pública de Costa Rica y forma parte del equipo de gestión cultural de Turrialba Literaria. Es director del Festival Presagio de Fuego en honor al natalicio del poeta Jorge Debravo y fundador del medio Revista Cultural Toriáravac.

Poemas de su autoría aparecen en las antologías: *Voces del vino* (Proyecto Palitachi, Nueva York Poetry Press, 2018); *Le Parole Grondanti: Antologia Della Nuova Poesia Centroamericana* (Fermenti, 2021- traducción y curaduría: Emilio Coco). *La mitad del cielo - Antología de poesía costarricense para jóvenes de 13 a 17 años* (EUNED, 2024).

Ha publicado: *La voz que duerme entre las piedras* (Nueva York Poetry Press, 2018, EE.UU.) y *Breve historia del sol* (Santa Rabia Poetry, 2022, Perú).

ÍNDICE

El libro del nuevo génesis

1 . 15
2 . 16
3 . 17
4 . 18
5 . 19
6 . 20
7 . 22
8 . 23

El señor de las moscas

Embotellamientos . 29
Ante la muerte de un gato . 31
La corriente del estigia . 32
Sabiduría inútil . 34
Al cruzar la calle . 36
Los perros en la noche . 37
La copa de vino que pagas con tu sensatez . 39
Isla de medianoche: dama de los espíritus . 41
Hermano de la lluvia . 43
No . 44
El eco de la lluvia . 45
El olvido . 46
La singularidad . 48
Tetragrámaton . 49

La pausa de la aurora

Carta a un marinero triste . 55
Carta a la lluvia . 59
Carta al mar que no visito
hace media vida . 61
Carta con un mal intento
de disculpa para los comienzos . 65
Carta al padre del tiempo . 69

Stella matutina

La ira . 75
Perro negro . 77
Miguel . 78
Isla de medianoche: dama del lago . 79
Archipiélagos . 81
Nos movemos . 82
Shem hameforash . 84

Epílogo

El evangelio del dragón

1 . 89
2 . 90
3 . 91

Acerca del autor . 95

WILD MUSEUM
MUSEO SALVAJE
Latin American Poetry Collection
Homage to Olga Orozco (Argentina)

1
La imperfección del deseo
Adrián Cadavid

2
La sal de la locura / Le Sel de la folie
Fredy Yezzed

3
El idioma de los parques / The Language of the Parks
Marisa Russo

4
Los días de Ellwood
Manuel Adrián López

5
Los dictados del mar
William Velásquez Vásquez

6
Paisaje nihilista
Susan Campos Fonseca

7
La doncella sin manos
Magdalena Camargo Lemieszek

8
Disidencia
Katherine Medina Rondón

9
Danza de cuatro brazos
Silvia Siller

10
Carta de las mujeres de este país /
Letter from the Women of this Country
Fredy Yezzed

11
El año de la necesidad
Juan Carlos Olivas

12
El país de las palabras rotas / The Land of Broken Words
Juan Esteban Londoño

13
Versos vagabundos
Milton Fernández

14
Cerrar una ciudad
Santiago Grijalva

15
El rumor de las cosas
Linda Morales Caballero

16
La canción que me salva / The Song that Saves Me
Sergio Geese

17
El nombre del alba
Juan Suárez

18
Tarde en Manhattan
Karla Coreas

19
Un cuerpo negro / A Black Body
Lubi Prates

20
Sin lengua y otras imposibilidades dramáticas
Ely Rosa Zamora

21
El diario inédito del filósofo vienés Ludwig Wittgenstein /
Le Journal Inédit Du Philosophe Viennois Ludwig Wittgenstein
Fredy Yezzed

22
El rastro de la grulla / The Crane's Trail
Monthia Sancho

23
Un árbol cruza la ciudad / A Tree Crossing The City
Miguel Ángel Zapata

24
Las semillas del Muntú
Ashanti Dinah

25
Paracaidistas de Checoslovaquia
Eduardo Bechara Navratilova

26
Este permanecer en la tierra
Angélica Hoyos Guzmán

27
Tocadiscos
William Velásquez

28
De cómo las aves pronuncian su dalia frente al cardo /
How the Birds Pronounce Their Dahlia Facing the Thistle
Francisco Trejo

29
El escondite de los plagios / The Hideaway of Plagiarism
Luis Alberto Ambroggio

30
Quiero morir en la belleza de un lirio /
I Want to Die of the Beauty of a Lily
Francisco de Asís Fernández

31
La muerte tiene los días contados
Mario Meléndez

32
Sueño del insomnio / Dream of Insomnia
Isaac Goldemberg

33
La tempestad / The tempest
Francisco de Asís Fernández

34
Fiebre
Amarú Vanegas

35
63 poemas de amor a mi Simonetta Vespucci /
63 Love Poems to My Simonetta Vespucci
Francisco de Asís Fernández

36
Es polvo, es sombra, es nada
Mía Gallegos

37
Luminiscencia
Sebastián Miranda Brenes

38
Un animal el viento
William Velásquez

39
Historias del cielo / Heaven Stories
María Rosa Lojo

40
Pájaro mudo
Gustavo Arroyo

41
Conversación con Dylan Thomas
Waldo Leyva

42
Ciudad Gótica
Sean Salas

43
Salvo la sombra
Sofía Castillón

44
Prometeo encadenado / Prometheus Bound
Miguel Falquez Certain

45
Fosario
Carlos Villalobos

46
Theresia
Odeth Osorio Orduña

47
El cielo de la granja de sueños / Heaven's Garden of Dreams
Francisco de Asís Fernández

48
hombre de américa / man of the americas
Gustavo Gac-Artigas

49
Reino de palabras / Kingdom of Words
Gloria Gabuardi

50
Almas que buscan cuerpo
María Palitachi

51
Argolis
Roger Santivañez

52
Como la muerte de una vela
Hector Geager

53
El canto de los pájaros / Birdsong
Francisco de Asís Fernández

54
El jardinero efímero
Pedro López Adorno

55
The Fish o la otra Oda para la Urna Griega
Essaú Landa

56
Palabrero
Jesús Botaro

57
Murmullos del observador
Hector Geager

58
El nuevo gusano saltarín
Isaac Goldemberg

59
Tazón de polvo
Alfredo Trejos

60
Si miento sobre el abismo / If I Lie About the Abyss
Mónica Zepeda

61
Después de la lluvia / After the Rain
Yrene Santos

62
*De plomo y pólvora. Poesía de una mente bipolar /
Of Lead and Gunpowder. Poetry of a Bipolar Mind*
Jacqueline Loweree

*

**New Era:
Wild Museum Collection & Arts**
Featuring Contemporary Hispanic American Artists

63
Espiga entre los dientes
Carlos Calero
Cover Artist: Philipp Anaskin

64
El Rey de la Muerte
Hector Geager
Cover Artist: Jhon Gray

65
Cielos que perduren
José Miguel Rodríguez Zamora
Cover Artist: Osvaldo Sequeira

66
Por el mar, con los monstruos de Ovidio a otra parte
Francisco Trejo
Cover Artist: Jaime Vásquez

67
Los vínculos salvajes
Juan Carlos Olivas
Cover Artist: Jaime Vásquez

68
**Commemorative Edition:
VII Anniversary of Nueva York Poetry Press**

Una conversación pendiente / Unfinished Conversation
Juana Ramos

*

69
La quinta esquina del cuadrilátero
Paola Valverde Alier
Cover Artist: María Kings

70
El evangelio del dragón
Luis Rodríguez Romero
Cover Artist: Osvaldo Sequeira

POETRY
COLLECTIONS

ADJOINING WALL
PARED CONTIGUA
Spaniard Poetry
Homage to María Victoria Atencia (Spain)

BARRACKS
CUARTEL
Poetry Awards
Homage to Clemencia Tariffa (Colombia)

BORDELANDS
LA FRONTERA
Hybrid Poetry
Homage to Gloria Anzaldúa (United States/Mexico)

CROSSING WATERS
CRUZANDO EL AGUA
Poetry in Translation (English to Spanish)
Homage to Sylvia Plath (United States)

DREAM EVE
VÍSPERA DEL SUEÑO
Hispanic American Poetry in USA
Homage to Aida Cartagena Portalatín (Dominican Republic)

FIRE'S JOURNEY
TRÁNSITO DE FUEGO
Central American and Mexican Poetry
Homage to Eunice Odio (Costa Rica)

INTO MY GARDEN
English Poetry
Homage to Emily Dickinson (United States)

I SURVIVE
SOBREVIVO
Social Poetry
Homage to Claribel Alegría (Nicaragua)

LIPS ON FIRE
LABIOS EN LLAMAS
Opera Prima
Homage to Lydia Dávila (Ecuador)

LIVE FIRE
VIVO FUEGO
Essential Ibero American Poetry
Homage to Concha Urquiza (Mexico)

FEVERISH MEMORY
MEMORIA DE LA FIEBRE
Feminist Poetry
Homage to Carilda Oliver Labra (Cuba)

REVERSE KINGDOM
REINO DEL REVÉS
Children's Poetry
Homage to María Elena Walsh (Argentina)

STONE OF MADNESS
PIEDRA DE LA LOCURA
Personal Anthologies
Homage to Alejandra Pizarnik (Argentina)

TWENTY FURROWS
VEINTE SURCOS
Collective Works
Homage to Julia de Burgos (Puerto Rico)

VOICES PROJECT
PROYECTO VOCES
María Farazdel (Palitachi) (Dominican Republic)

WILD MUSEUM
MUSEO SALVAJE
Latin American Poetry
Homage to Olga Orozco (Argentina)

WILD PAPERS
PAPELES SALVAJES
Experimental Poetry
Homage to Marosa di Giorgio (Uruguay)

OTHER COLLECTIONS

Fiction
INCENDIARY
INCENDIARIO
Homage to Beatriz Guido (Argentina)

Children's Fiction
KNITTING THE ROUND
TEJER LA RONDA
Homage to Gabriela Mistral (Chile)

Drama
MOVING
MUDANZA
Homage to Elena Garro (Mexico)

Essay
SOUTH
SUR
Homage to Victoria Ocampo (Argentina)

Non-Fiction/Other Discourses
BREAK-UP
DESARTICULACIONES
Homage to Sylvia Molloy (Argentina)

For those who like Olga Orozco believe that "a word on the back of the world allows the enemy to advance," and who like her recognize that "half of desire is barely that, half of love is only a measure," this book was published in Manhattan on July 2025, as part of the Wild Museum Collection by *Nueva York Poetry Press*, in homage to her voice.

www.ingramcontent.com/pod-product-compliance
Lightning Source LLC
Chambersburg PA
CBHW021915180426
43198CB00035B/672